ALLOCUTION

PRONONCÉE

Par le P. AURIAULT, s. j.

A la Messe célébrée le 14 Mai 1897

POUR LE ENFANTS DE MARIE

DU SACRÉ-CŒUR

Victimes de l'incendie du Bazar de la Charité

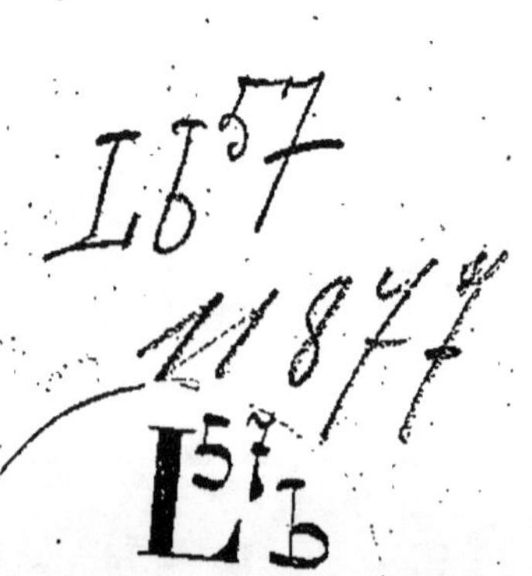

ALLOCUTION

PRONONCÉE

PAR LE P. AURIAULT, S. J.

A la Messe célébrée le 14 Mai 1897

POUR LES ENFANTS DE MARIE

DU SACRÉ-CŒUR

Victimes de l'incendie du Bazar de la Charité

MESDAMES,

Je n'oserais point élever la voix ici en
ce grand deuil, si je n'étais à l'autel, si je
n'avais sur les lèvres les prières de l'Église,
et dans le cœur les pitiés mêmes de mon
Dieu, de mon Sauveur et de mon Rédemp-
teur. Ah! qu'il s'est fait de bruit, qu'il
s'est écrit de pages, qu'il s'est dit de paroles autour du drame funèbre où ont
péri celles que nous pleurons!... mais ces
pages, mais ces paroles, mais ces cris
ont-ils calmé nos cuisants chagrins, ont-
ils apaisé nos poignantes douleurs? Ah!
les consolateurs nous sont bien plutôt à

charge : la douleur qu'ils veulent conso-
ler est inconsolable; le malheur qui nous
frappe est irréparable.

De toutes les maisons endeuillées, j'en-
tends monter des sanglots qui ne se veulent point taire; je vois des petits tendre
leurs bras vers des mères qui ne sont plus,
des mères chercher instinctivement des
enfants à jamais disparus, des époux sans
épouses, au-dessus desquels retentit la
parole des saints Livres : Ceux-ci ne veulent pas être consolés, parce que les ob-
jets de leur amour ne sont plus. *Noluit
consolari quia non sunt.*

Au lieu donc d'importuner par nos dis-
cours ces âmes désolées, n'est-il pas mieux
d'unir nos larmes à leurs larmes, et de
pousser ensemble vers le ciel, du fond de
nos abîmes, les cris de nos angoisses? *De
profundis clamavi ad te Domine, Domine
exaudi vocem meam.*

Mais ce que nous ne pouvons faire, Dieu peut le faire, et lui, lui seul, peut bien jeter sur ce drame plein d'ombres une lumière d'espérance.

En passant devant cette hécatombe, d'aucuns ont blasphémé; ils ont insulté notre foi; ils ont dit : A quoi vous ont servi vos aumônes? à quoi votre confiance en Dieu? C'est justement ce que disaient à Job et à Tobie leurs faux amis : *Ubi est spes tua pro qua eleemosynas et sepulturas faciebas?* Et pour ces enquêteurs mondains, voici que des familles éprouvées sont parties des réponses sublimes; des hommes, des chrétiens que je pourrais nommer ont dit : « Dieu me l'avait donnée, Dieu me l'a reprise, que son saint nom soit béni! » Nous sommes les fils des saints, et de Dieu nous attendons la vie éternelle qu'il donnera à ceux qui n'ont point fléchi dans leur foi. *Quoniam filii*

sanctorum sumus et vitam illam expecta-
mus quam Deus daturus est his qui fidem
suam nunquam mutant ab eo. (Tob., II.)

Aussi bien sur le théâtre même du sacrifice, n'a-t-on pas vu briller cette foi, cette espérance? Au-dessus de cet atelier de la charité où sont mortes à la peine les nobles, les pieuses, les bien-aimées victimes du 4 mai, le ciel s'est entr'ouvert, et pendant que nous pleurions affolés, les anges, troupe divine, venaient recueillir les âmes de ces femmes fortes tombées au champ d'honneur. C'est là, n'est-ce pas, notre principale consolation. Elle est grande et elle est fondée : car, en parcourant le nécrologe, nous y voyons des noms bénis dont chacun rappelle une vertu, mérite une louange. Je ne parle pas de la vaillante princesse (1) qui porta là

____

1. Mme la duchesse d'Alençon.

jusqu'au bout cette grandeur d'âme, cette héroïque simplicité qui l'ont maintenue à son poste comme le pilote sur le vaisseau qui sombre. Rien qu'à m'en tenir à celles qui nous appartiennent, j'aurais trop à dire : chacune est un chef de file dans l'armée de la bienfaisance, et leurs noms inscrits dans nos dyptiques évoqueront le souvenir de la pureté, du dévouement, de la générosité, de la piété.

Celle que vos suffrages avaient portée à la tête de la Congrégation (1) vous faisait honneur, Mesdames ; elle mettait à remplir cette charge la vigueur, la simplicité qu'elle mettait à toutes choses. Elle était vraiment forte, d'une religion vraie, solide et sans parade, marchant dans la foi comme il convient à une Enfant de Marie du Sacré-Cœur. Mais ce que je

1. Mme la comtesse de Luppé.

dis d'elle, vous le dites aussi des autres, et ce sera la gloire de votre Congrégation, Mesdames, une gloire chèrement achetée, de s'être trouvée au péril et au sacrifice dans des membres dignes de la représenter et de payer devant Dieu sa dette de généreux amour (1). Noms bénis désormais, noms prédestinés, nous ne pourrons vous prononcer sans regarder le ciel. Ah ! le ciel, comme le disait une de vos sœurs de sacrifice en serrant dans ses bras une religieuse qui nous l'a raconté, le ciel, nous y allons ensemble. Et pour appuyer encore nos espérances, nous avons le témoignage du prêtre qui se trouva là pour donner les divins par-

1. La Congrégation compte dix de ses membres parmi les victimes de la catastrophe : la comtesse Louis de Luppé, Mme Hoskier, la comtesse Auderic de Moustier, Mme Joseph de Carayon-Latour, la comtesse d'Hunolstein, Mme de Suze, Mlle d'Espiès, Mme Roland-Gosselin, la vicomtesse de Beauchamp, la vicomtesse de Damas.

dons à celles qui mouraient. Vraiment, à entendre ces paroles de piété, à voir au milieu des flammes ces attitudes de prière, à retrouver les victimes dont la mort a respecté la pose recueillie, on croit être sur un champ de martyrs, et comme dans le vestibule du paradis. ,

C'est la vision de l'espérance, mais c'est la vision de l'amour aussi. Un jour, Notre-Seigneur passait devant un aveugle-né ; ses Apôtres lui demandent la raison de cette infirmité : Est-ce pour ses péchés ou pour ceux de ses parents que cet homme a été puni ? — Ni lui ni ses parents n'ont péché, dit Notre-Seigneur ; mais cela est arrivé pour que soient manifestées les œuvres de Dieu. *Neque hic peccavit, neque parentes ejus, sed ut manifestentur opera Dei in illo*. (Joan. IX.)

Ne cherchez point, Mesdames, dans la vie des victimes ni dans celle de leurs familles la raison de cette catastrophe. Dieu, par ce coup, a exécuté des desseins plus hauts, et nous devons adorer ses mystères. Il a voulu montrer une fois de plus qu'il est le Maître, qu'il donne la vie et la mort à qui il lui plaît. Il nous a rappelé que tout ce qui tient au corps, jeunesse, santé, noblesse est vain, passager, périssable, qu'il n'y a de vraiment grand, de vraiment estimable que l'âme, l'âme immortelle.

Ut manifestentur opera Dei! Il a manifesté aussi une fois de plus le mystère de sa rédemption. O victimes choisies, vous avez été frappées parce que vous avez été aimées ; et la divine élection vous a visitées à l'heure de vos grandes charités. Jésus a voulu vous associer à sa Passion, à sa mort, rajeunir en vous et par vous la loi de son Evangile, imprimer en vos âmes purifiées le divin crucifix.

Vous avez reçu, en mourant dans l'exercice même de la charité, un dernier trait de ressemblance avec Celui qui est mort pour nous, après avoir dit : Il n'y a pas de plus grand amour que de donner sa vie pour ses amis. Aussi, pour marquer dans cette chapelle la date funèbre du 4 mai 1897, l'insigne commémoratif sera la croix même du Sauveur. C'était depuis longtemps le désir de votre Présidente, Mesdames, de la voir arborée en face de la chaire ; son désir est accompli, et nous ne pourrons plus regarder ce crucifix sans penser du même coup à la Victime du Calvaire et aux douces victimes de la charité.

Uni au sang de Jésus, votre sacrifice sera fécond, il vaudra à toute cette noblesse française dont vous étiez la fleur un renouveau de vie, un surcroît d'honneur ; à vos familles les grâces qui font

les hommes forts et les femmes pures ; à
la patrie enfin la recouvrance de ses pri-
vilèges, l'union de toutes les classes dans
la pratique d'une même foi, dans la recon-
naissance d'une même loi.

Ut manifestentur opera Dei. Ce sacrifice qui a manifesté la croix manifeste
aussi l'Eucharistie, car c'est bien elle, la
divine hostie, qui a poussé ces âmes jusqu'à ce calvaire et qui leur a donné de
mourir en chrétiennes. Qui nous dira ce
que le matin même Jésus avait murmuré à
l'oreille de ses amies dans la dernière
communion ! Il leur avait demandé le sacrifice de leur vie, et elles l'avaient fait.
Il a été accepté, la communion commencée
ici-bas le matin s'est achevée le soir au
ciel.

Ut manifestentur opera Dei. Oh ! oui,
par leur mort, ces victimes manifestent
les œuvres de Dieu, car elles vous di-

sent : Les œuvres de Dieu, c'est la croix, c'est l'autel, c'est le ciel. Ah! chères Enfants de Marie, nos sœurs, ne nous plaignez pas, mais comme nous, participez tous les jours au sacrement de l'autel, afin de savoir porter chaque jour votre croix; et par cette croix, par cette hostie, vous arriverez au ciel où nous vous attendons.

Amen.

Paris. — J. Mersch, imp., 4bis, Av. de Châtillon.